Isländisch kochen

schon probiert?

Alltagstaugliche isländische Rezepte

Inga Lilja Guðjónsdóttir

Annette Biemer

Bibliographische Information der Deutschen Bibliothek:
Die Deutsche Nationalbibliothek verzeichnet diese Publikation in der Deutschen Nationalbibliografie; detaillierte bibliografische Daten sind im Internet über http://dnb.d-nb.de abrufbar.

Impressum

© 2013 Annette Biemer und Inga Lilja Guðjónsdóttir

Herstellung und Verlag: Books on Demand GmbH, Norderstedt

ISBN: 9 783732 247899

Wir werden unterstützt von

Bei *contrastravel* finden Sie Island-Reisen und Island-Reisebausteine für einen aktiven und nachhaltigen Urlaub in kleinen Gruppen oder ganz individuell.

contrastravel
- steht für authentische, nachhaltige Reiseerlebnisse
- legt Wert auf eine individuelle, kompetente Beratung seiner Kunden sowie ein intensives, persönliches Verhältnis zu seinen sorgfältig ausgewählten Partnern vor Ort
- entwickelt spannende, stets aktuelle und teils unkonventionelle Reiseprogramme.

www.contrastravel.com
info@contrastravel.com, 0049 - (0)4322 - 88 900-0

Mit diesem Büchlein wollen wir Ihnen die isländische Alltagsküche vorstellen, wie sie gegenwärtig existiert. Neben traditionellen Rezepten, die wir allerdings in der heute gängigen Form beschreiben, finden Sie einige Moderezepte sowie Anleitungen und Infos zu neuer Hausmannskost.

Dies ist kein klassisches Kochbuch. Zusätzlich zu den Rezepten haben wir für Sie unsere Lieblingsfotos ausgesucht und damit die Seiten geschmückt. Lassen Sie sich verzaubern von den optischen sowie kulinarischen Eindrücken und teilen Sie sie mit Ihren guten Freunden.

Verði þér að góðu!

Guten Appetit!

Alle Rezepte, wenn nicht anders angegeben, sind für 4 Personen berechnet.

Achten Sie bei der Rezeptauswahl darauf, dass Sie keine Unverträglichkeit gegenüber einer der Zutaten haben.

Fisch

Kabeljau mit Ananassoße

800 g frisches Kabeljaufilet (oder Dorsch)
1 mittlere Dose Ananas, in Stücken
1 - 2 Teelöffel Currypulver
1 Zwiebel
3 Möhren
200 ml Sahne (für Kalorienbewusste: Milch)
1 Teelöffel Salz
1 Teelöffel Paprikapulver
1/4 Teelöffel Pfeffer, gemahlen
1/2 Teelöffel Aromat
4 - 5 Esslöffel Weizenmehl

evtl. etwas Speisestärke
Öl zum Braten

Alle Gewürze mit dem Mehl mischen. Etwa ein Viertel davon zur Seite stellen. In dem Rest die Fischstücke wälzen.

Öl in einer Pfanne erhitzen und den Fisch darin gut durchbraten. Währenddessen die Möhren in dünne Scheiben und die Zwiebel in dünne Spalten schneiden. Fisch aus der Pfanne nehmen und auf einer Platte ablegen.

Die Möhren und die Zwiebel im Öl braten, bis sie weich sind. Dann die Ananasstücke und den Ananassaft aus der Dose dazu geben.

Sahne (oder Milch) hinzu fügen. Die verbliebene Mehl-Gewürz-Mischung in Wasser auflösen und die Soße damit andicken. Falls gewünscht, mit etwas Speisestärke nachdicken und mit den verwendeten Gewürzen abschmecken. Gegebenenfalls Wasser hinzu fügen.

Fischstücke in die Soße geben und kurz durchziehen lassen.

Mit Reis und grünem Salat servieren.

Zubereitungszeit: ca. 40 Min.

Plokkfiskur

Gestampfter Fisch

350 g gekochten Kabeljau (oder Dorsch)
350 g gekochte Kartoffeln
30 g Butter
1 dicke Zwiebel
30 g Weizenmehl
400 ml Milch
Salz
Pfeffer
1/2 Brühwürfel Typ Fisch

Die Zwiebel in kleine Würfel und die Kartoffeln in Stücke schneiden. Den Fisch ebenfalls zerteilen und mit einer Gabel leicht zerdrücken.

Die Zwiebel in der Butter anbraten und glasig, aber nicht braun werden lassen. Mit Mehl andicken und langsam unter ständigem Rühren die Milch hinzu gießen. Aufkochen lassen und den Fischfond beifügen.

Fisch und Kartoffeln dazu geben und aufkochen lassen. Mit Salz und Pfeffer abschmecken.

Gereicht wird dazu Roggenbrot (siehe Rezept) und, falls gewünscht, Gemüse.

Zubereitungszeit: 30 Min.

Das Rezept reicht für 4 Personen. Wird es alleine, ohne Gemüse oder Brot serviert, reicht es für 2 Portionen.

Info: Dieses preisgünstige und einfache Gericht erfreut sich großer Beliebtheit. Es lassen sich prima Fisch- und Kartoffelreste des Vortags verarbeiten.

Schellfisch (oder Kabeljau) in süß-saurer Soße

600 - 700 g Schellfisch (oder Kabeljau) ohne Haut und Knochen
4 Esslöffel Weizenmehl
4 Esslöffel Kartoffelmehl
1 Teelöffel Salz
1 dl Sojasoße
Öl zum Frittieren

für die Soße:
4 Esslöffel Wasser
8 Esslöffel Zucker
4 Esslöffel Essig
4 dl Ketchup
eine Prise Pfeffer
evtl. Soßenbinder

Fisch in kleine Stücke schneiden, in eine Schüssel geben und mit der Sojasoße übergießen. 5 Minuten ziehen lassen. Weizen- und Kartoffelmehl vermischen und Salz zufügen. Die Fischstücke darin wälzen und im heißen Öl ausbacken.

Für die Soße alle Zutaten in einen Topf geben und zum Kochen bringen. Mit Pfeffer abschmecken. Wenn die Soße zu dünn ist, mit Soßenbinder oder einer Mischung aus 1 Esslöffel Kartoffelmehl und 3 Esslöffeln Wasser andicken.

Mit Reis oder Couscous, Salat oder Brot servieren.

Faxafisch in roter Sahnesoße

500 g Fischfilet (Schellfisch, Kabeljau oder Heilbutt)
1 Zwiebel
2 Möhren
1 Teelöffel Salz
1 Teelöffel Estragon
250 ml Sahne (gern fettreduziert)
70 - 100 g Tomatenmark
Öl für die Pfanne

Die Möhren putzen und in Scheiben schneiden, die Zwiebel grob würfeln. Öl in der Pfanne erhitzen und beides anbraten. Estragon, Salz, Tomatenmark und Sahne unter Rühren hinzu fügen. Den Fisch in grobe Stücke schneiden und in die Sauce geben. Bei geringer Temperatur kochen, bis der Fisch und das Gemüse gar sind.

Mit Salat und Reis oder Kartoffeln servieren.

Zubereitungszeit: ca. 30 Min.

Info: Der Begriff Faxafisch steht für Fisch, der in der Faxaflói, einer Bucht im Westen Islands, gefangen wurde. An ihrem Ufer liegen die Hauptstadt Reykjavík sowie die Stadt Akranes.

Lamm

Isländische Fleischsuppe

1 kg Lammfleisch (bevorzugt aus der Brust, mit oder ohne Knochen)
3 Esslöffel getrocknetes Suppengemüse
1/2 Tasse Reis
1,8 l Wasser
1 Teelöffel Salz
1/2 Zwiebel
500 g Steckrüben
500 g Kartoffeln
250 g Karotten
100 g Weißkraut
Pfeffer
1 - 2 Würfel Lammfond

Lamm in Stücke schneiden und im Wasser aufkochen.

Zwiebel klein schneiden und zusammen mit Salz, Lammfond, Pfeffer, Suppengemüse und Reis hinzu fügen. 40 Minuten kochen.

Steckrüben, Karotten und Kartoffeln in große Stücke schneiden und ebenfalls dazu geben. Weitere 15 Minuten kochen.

Weißkraut klein schneiden und hinzu fügen. Nochmals 5 Minuten kochen. Abschmecken.

Mit Roggenbrot (siehe Rezept) servieren.

Zubereitungszeit: ca. 70 Min.
Reicht für 6 Personen

Info: Reste der Fleischsuppe lassen sich gut am nächsten Tag aufwärmen. Dies ist ein Rezept aus alten Tagen, das immer noch oft auf der Speiseliste steht. Kein Wunder! Die Suppe ist nahrhaft und besonders in den langen kalten Wintertagen herrlich wärmend.

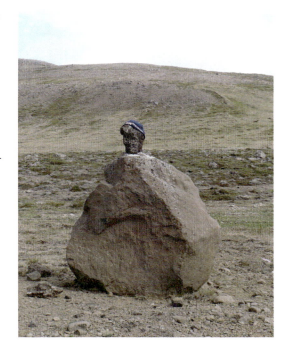

Lammhaxe mit Knoblauch

1 Lammhaxe von ca. 2 - 2,5 kg (Unterkeule, am besten Hinterbein)
4 Knoblauchzehen
1 Teelöffel Bratenöl
1 Bund Petersilie
2 Teelöffel Rosmarin
Salz
Schwarzer Pfeffer

Lammhaxe mit kaltem Wasser abwaschen und loses Fett entfernen. Kleine Löcher in das Fleisch schneiden.

Knoblauch längs in dünne Scheiben schneiden. Petersilie waschen und klein hacken. In jedes Loch eine Scheibe Knoblauch und etwas Petersilie geben. Das Fleisch gut mit Öl einreiben. Dann mit Salz, Pfeffer und Rosmarin würzen.

Nun zwei Stunden ruhen lassen, damit das Aroma einziehen kann. Noch besser ist es, die Haxe über Nacht in den Kühlschrank zu stellen. Danach im Ofen backen und währenddessen ein- oder zweimal umdrehen. Aus dem Ofen nehmen und vor dem Servieren 10 Minuten abkühlen lassen.

Zur Lammhaxe schmeckt gut eine klassische, aus dem Bratensaft hergestellte Soße oder jegliche andere braune Soße. Dazu kann man zuckergebräunte Kartoffeln, gemischten Salat (siehe jeweilige Rezepte) oder im Ofen geröstetes Gemüse servieren.

Zubereitungszeit: ca. 2 1/2 Std.
Backtemperatur: 175° C, ohne Umluft
Backzeit: 2 Std., auf mittlerer Schiene
reicht für 6 bis 8 Personen

Infos: Ein isländischer Klassiker, der besonders an Sonn- und Feiertagen zubereitet wird. Das Standardrezept kann natürlich immer abgewandelt werden.

Falls eine tiefgekühlte Lammhaxe verwendet wird, diese ganz langsam 3 bis 4 Tage im Kühlschrank auftauen lassen.

Gemüse und Desserts

Kartoffel-Feta-Mix

3 mittelgroße Kartoffeln
1/2 mittelgroße Süßkartoffel
Prise Salz
Pfeffer
3 - 4 Esslöffel in Kräuter eingelegten, gewürfelten Feta
3 - 4 Esslöffel des Feta-Öls

Kartoffeln schälen und jeweils in 4 Stücke schneiden. Kochen. Wasser abschütten und Feta sowie Öl dazu geben. Mit einer Gabel oder einem Kartoffelstampfer grob (nicht zu fein) zerdrücken. Mit Salz und Pfeffer abschmecken.

Passt gut zu Fleischgerichten.

Skyr-Eis mit Blaubeeren

4 Eigelb
200 g Zucker
180 g Blaubeer-Skyr (alternativ: fettarmer Quark)
5 dl Schlagsahne
200 g tiefgefrorene oder frische Blaubeeren

Die Eigelbe gut mit dem Zucker verquirlen. Dann den Blaubeer-Skyr hinzu fügen. Sahne schlagen und vorsichtig unterheben. Blaubeeren dazu geben. In eine Gefrierdose füllen, gut verschließen und einfrieren.

Zum Servieren das Eis im Block aus der Dose nehmen. Das geht am besten, indem man warmes Wasser auf die Unterseite der Dose laufen lässt. Mit Blaubeeren oder heißer Schokoladensoße servieren.

Anstelle von tiefgefrorenen oder frischen Blaubeeren lassen sich notfalls auch Heidelbeeren aus dem Glas oder aus der Dose und natürlich auch andere Früchte verwenden.

Infos: Skyr ist eine typische und wichtige isländische Spezialität. Das Milchprodukt wird aus entrahmter Kuhmilch produziert und ist daher mit 0,2 - 0,5 % sehr fettarm.

Leider ist Skyr in Deutschland kaum zu beschaffen. Das Eisrezept lässt sich aber dennoch gut zuzubereiten. Anstelle von Skyr einfach Quark mit einem geringen Fettanteil verwenden.

Ist Quark mit Blaubeergeschmack nicht greifbar, einfach neutralen Quark nehmen und etwas von der Flüssigkeit der Beeren oder Gelee unterrühren. Dadurch wird der Quark auch etwas geschmeidiger.

Eis wird in isländischen Familien oft selbst gemacht. Dass es im Block gefroren und nicht cremig gerührt ist, mindert den Genuss keineswegs.

Spezialitäten

Kalter frischer Brotkuchen mit Shrimps

400 g Mayonnaise
180 g saure Sahne
1/2 mittlere Dose Ananas, in Stücken, inkl. Saft
1/2 Gurke
2 Tomaten
1 rote Paprikaschote
1/2 kleine Stange Lauch
250 g Shrimps
1 Toastbrot (Weizen oder Vollkorn)

Mayonnaise, saure Sahne, Ananasstücke und Ananassaft verrühren. Auf zwei Schüsseln verteilen. Das Gemüse in Stücke schneiden, einen Teil davon zum Dekorieren zur Seite legen und den Großteil in eine der Schüsseln mit dem Mayonnaise-Mix geben. Gut verrühren. Die Shrimps klein schneiden und in die andere Hälfte des Mayonnaise-Mixes geben.

Das Brot in kleine Stücke reißen. Die Hälfte davon in eine Glasform füllen. Die Shrimp-Mischung darauf schichten. Die zweite Hälfte der Brotstücke darüber verteilen und die Gemüse-Mischung darauf geben. Mit dem beiseite gelegen Gemüse dekorieren.

Alternative: Wer keine Shrimps mag, kann diese durch Schinken ersetzen. Es können auch alle Zutaten zu einer Masse zusammengemischt werden.

Info: Der Brotkuchen wird nicht gebacken. Er sollte aber gut durchziehen, um seinen Geschmack zu entfalten. Deshalb kann er bereits mehrere Stunden vor dem Servieren oder auch am Vorabend zubereitet werden. Zum Servieren einfach einen großen Löffel benutzen.

Ein Brotkuchen gehört in Island zu jeder größeren Feier dazu.

Brauðsúpa

Brotsuppe – süßer Brei aus Roggenbrot

8 dl Wasser
400 g Reste des Roggenbrotes (siehe Rezept)
100 - 200 g brauner Zucker
1 unbehandelte Zitrone
200 g Rosinen
Prise Salz
1 Becher Schlagsahne
etwas Zucker

Das Brot in Stücke schneiden und in einen Topf mit Wasser geben. Gut durchweichen lassen, am besten über Nacht. Dann erhitzen und fein pürieren, so dass keine Klümpchen zurück bleiben. Bei Bedarf etwas Wasser zugeben. Die Zitrone in Scheiben schneiden und hinzu fügen. Alternativ den Saft einer Zitrone verwenden. Dann Zucker nach Geschmack sowie Rosinen hinzu geben. Auf kleiner Flamme ca. 10 Minuten köcheln lassen. Dabei so viel Wasser zugeben, dass die Masse eine breiige Konsistenz bekommt. Mit Salz fein abschmecken. Die Zitronenscheiben heraus nehmen.

Die Sahne aufschlagen und mit Zucker abschmecken.

Brauðsúpa warm mit Schlagsahne servieren.

Vorbereitungszeit: über Nacht
Zubereitungsdauer: 20 Min.

Isländische Brote

Isländisches Roggenbrot

1 Tasse Weizenmehl
1 Tasse Vollkorn-Weizenmehl
1 Tasse Roggenmehl
125 g heller Zuckersirup
1 Teelöffel Backpulver
1 Teelöffel Natron
1 Teelöffel Salz
1 Teelöffel Sauermilch

für die Backformen:
2 gebrauchte leere Milchkartons
Butter oder Margarine zum Einfetten
Alufolie

Zutaten mit der Küchenmaschine verrühren.

Die Kartons oben aufschneiden, auswaschen und einfetten. Teig darin verteilen. Achtung: Er geht beim Backen sehr stark auf. Kartons oben mit Alufolie verschließen und das Brot im Ofen backen.

Zubereitungszeit: ca. 10 Min.
Backzeit: 4 Stunden
Backtemperatur: 150 - 175° C, ohne Umluft

Infos: Dieses Brot hat wenig gemein mit dem, was wir in Deutschland Brot nennen, sondern erinnert eher an einen Kuchen. Es lässt sich aber prima mit Margarine oder Butter bestreichen. Auch Marmelade oder Käse passen gut dazu.

4 Stunden Backzeit erscheinen lang. Doch dies ist bereits das „kurze" Rezept. Andere Varianten brauchen bis zu 10 Stunden.

Der Trick mit dem Milchkarton!

Wer reinigt schon gerne Backformen? Wohl niemand. In Island ist man auf die findige Idee gekommen, gebrauchte Milchkartons als Formen zu verwenden. Sie werden nach dem Backen einfach aufgeschnitten und entsorgt.

Bananenbrot

3 - 4 Bananen
3/4 Kaffeetasse Zucker
2 Kaffeetassen Weizenmehl
1 Teelöffel Natron
1 Teelöffel Backpulver
1 Teelöffel Salz
1 Ei

Die Bananen mit einer Gabel zerdrücken. Alle weiteren Zutaten hinzu fügen und mit dem Rührgerät zu einer glatten Masse verarbeiten.

Teig in eine gut gefettete Brotform füllen und im vorgeheizten Ofen auf mittlerer Schiene backen.

Aus der Form nehmen und auskühlen lassen.

Das leckere Bananenbrot lässt sich in Scheiben geschnitten mit Butter oder Margarine sowie nach Geschmack mit Marmelade bestreichen.

Vorbereitungszeit: 10 Min.
Backzeit: 50 Min.
Backtemperatur: 180° C, Umluft

Info: An isländischen Schulen ist Kochen Pflicht- und oft auch Lieblingsfach. Das leckere Bananenbrot ist kinderleicht zu backen und erfreut sich auch als süßes Pausenbrot großer Beliebtheit.

Gewürzbrot

3 dl Haferflocken
3 dl Weizenmehl
2 dl Zucker
1 dl Weizenvollkornmehl
3 dl Milch
2 Teelöffel getrockneter Ingwer
2 Teelöffel Nelkenpulver
1 Teelöffel Natron
2 Teelöffel Backpulver
1 Teelöffel Salz

Zutaten verrühren. Teig in eine große oder zwei kleine gefettete Backformen füllen und backen.

Nach Geschmack mit Butter oder Margarine sowie Käse oder Marmelade servieren.

Zubereitungszeit: ca. 10 Min.
Backzeit: 20 - 30 Min.
Backtemperatur: 200° C, ohne Umluft

Kuchen und Plätzchen

Happy Marriage Cake

Für den Teig:
220 g Weizenmehl
150 g Zucker
180 g weiche Butter oder Margarine
120 g Haferflocken
1 Teelöffel Backpulver
1 Teelöffel Natron
1 Ei

Für die Füllung:
1 Glas Rhabarbermarmelade

Und nach Belieben:

Datteln, in Stücke geschnitten
Schokoflocken, dunkel
Rosinen
Kokosflocken

Die Zutaten für den Teig gut verkneten. Er darf nicht zu weich sein. Die Masse teilen und mit der einen Hälfte eine mit Backpapier ausgelegte Form bedecken. Dann die Rhabarbermarmelade gleichmäßig darauf verstreichen. Die anderen Zutaten, je nach Wunsch, hinzu geben. Dann den Rest des Teiges in Stücken obenauf setzen. Im vorgeheizten Ofen auf mittlerer Schiene backen.

Vorbereitungszeit: ca. 15 Min.
Backzeit: 20 - 25 Min.
Backtemperatur: 190° C, ohne Umluft

Info: Das alte Originalrezept beinhaltete für die Füllung lediglich Rhabarbermarmelade. Aber da, wie der Name schon vermuten lässt, dieser Kuchen, regelmäßig serviert, für eine glückliche Ehe sorgen soll, sind im Laufe der Zeit immer mehr Zutaten hinzu gekommen.

Kuchen „Mondlandschaft"

4 Äpfel
125 g Weizenmehl
125 g Zucker
125 g weiche Butter oder Margarine
1 dl Rosinen
1 dl gesalzene Erdnüsse
1 dl Schokoladenstückchen, dunkel
3 Esslöffel Zimtzucker (evtl. selbst gemischt)

Äpfel schälen und in Halbmonde schneiden. Eine feuerfeste Glasform fetten und die Apfelstücke hinein geben. Zimtzucker darüber streuen. Dann Rosinen und Schokoladenstücke hinzu geben. Butter bzw. Margarine, Zucker und Mehl verkneten. Darauf schichten. Zum Schluss die gesalzenen Erdnüsse obenauf streuen.

Vorbereitungszeit: 10 Min.
Backzeit 45 - 50 Min.
Backtemperatur: 180° C

Mit Eis oder Schlagsahne servieren.

Lakritzhäufchen

3 Eiweiß
200 g brauner Zucker
150 g Schokoplättchen, dunkel
150 g Lakkrískurl (alternativ 80 g Lakritzschnecken plus zusätzliche 70 g Schokoplättchen)

Eiweiß steif schlagen, braunen Zucker langsam einrieseln lassen und cremig rühren. Schokoladenplättchen hinzu fügen. Lakkrískurl beimischen.

Mit zwei Löffeln kleine Häufchen auf ein mit Backpapier ausgelegtes Backblech setzen und backen.

Zubereitungszeit: ca. 15 Min.
Backzeit: 15 - 20 Min., auf mittlerer Schiene
Backtemperatur: 150° C, ohne Umluft

Info: Wer öfters in den nördlichen Ländern unterwegs ist, dem mag aufgefallen sein, dass Lakritze und Salmiakbonbons sehr beliebt sind. Die Lakkrískurl sind etwa erbsengroße, mit Schokolade überzogene Lakritzkügelchen. Geschmacklich und von ihrer Konsistenz her ähneln sie der Lakritze unserer Lakritzschnecken. Die Kombination Lakritze/Schokolade ist in Island beliebt, in Deutschland findet man sie selten. Daher gegebenenfalls beim Backen einfach auf die oben genannte Alternative ausweichen.

Bismark-Plätzchen

4 Eiweiß
2 1/2 dl Zucker
5 1/2 dl Kokosflocken
100 g Schokoplättchen, dunkel
80 g Bismark-Bonbons (alternativ ungefüllte harte Bonbons mit leichtem Pfefferminzgeschmack)

Eiweiß steif schlagen, Zucker langsam einrieseln lassen und gut verrühren. Wer es nicht sehr süß mag, nimmt etwas weniger Zucker. Kokosflocken und Schokoladenplättchen hinzu fügen. Die Bonbons in ein Geschirrtuch einschlagen und auf eine feste Unterlage legen. Mit einem Hammer zerkleinern. Die Stückchen ebenfalls in den Teig geben und gut vermischen.

Mit zwei Löffeln kleine Häufchen auf ein mit Backpapier ausgelegtes Backblech setzen und backen.

Zubereitungszeit: ca. 15 Min.
Backzeit: 10 - 15 Min.
Backtemperatur: 180° C, ohne Umluft

Kleinur

1 kg Weizenmehl
280 g Zucker
100 g geschmolzene Butter oder Margarine
2 Eier
3 Teelöffel Backpulver
1 Teelöffel Hirschhornsalz
450 ml Milch
1,5 Teelöffel Kardamomsamen
1 kg Palmin zum Ausbacken

300 ml Milch, Kardamom, Eier und Margarine bzw. Butter in eine Rührschüssel füllen. Dann Mehl, Zucker, Backpulver und Hirschhornsalz darauf geben. Gut vermischen und soviel von der restlichen Milch hinzu fügen, dass ein geschmeidiger Teig entsteht. Nicht zu kräftig rühren. Zum Schluss am besten mit der Hand fertig kneten.

Palmin in einem Topf schmelzen.

Den Teig portionsweise ca. 3 - 4 mm dick ausrollen. In Rauten schneiden und in der Mitte längs einen Schnitt machen. Ein Ende der Rauten durch den Schlitz ziehen, so dass eine Art Knoten entsteht.

Im Fett ausbacken. Die Kleinur sind fertig, wenn sie goldbraun sind. Am besten ein Exemplar testen, um sicher zu gehen, dass der Teig gut durchgebacken ist.

Infos: Kleinur haben in Island eine lange Tradition. Für den Teig gibt es sogar spezielle Ausstechformen.

Kleinur lassen sich gut auf Vorrat backen und einfrieren.

Sie schmecken sowohl warm als auch kalt.

Das Rezept reicht mindestens für eine Feier mit 30 Personen.

Festmenüs

Das große Festmenü I

zu Weihnachten oder zu anderen feierlichen Anlässen
für 6 bis 8 Personen

Hamborgarhryggur

2 - 3 kg Kassler (mit Knochen, ohne ist auch möglich)
Schwarzer Pfeffer
Knoblauchpulver
100 ml Ananassaft (aus der Dose)
2 Teelöffel brauner Zucker

Kassler mit Pfeffer und Knoblauchpulver leicht würzen. Zwei- bis dreimal mit Alufolie umwickeln.

Mit der Fettschicht nach oben auf ein Backblech legen. Im vorgeheizten Ofen bei 170° C garen. Dabei pro kg 70 Minuten rechnen. Danach aus dem Ofen nehmen und den heraus gelaufenen Bratensaft in einen kleinen Topf gießen.

Alufolie entfernen, den Braten 10 Minuten stehen lassen und die Fettschicht mit einem Messer einschneiden. Nicht in das eigentliche Fleisch schneiden!

Den Braten glasieren. Dazu den Ananassaft mit dem braunen Zucker verrühren und den Braten damit einpinseln.

Wer möchte, kann die Ananasstücke aus der Dose ebenfalls verwenden und mit der Glasur auf den Braten geben.

Diesen jetzt im auf 225° C vorgeheizten Ofen nochmals 10 - 15 Minuten knusprig backen. Dabei die herunter laufende Flüssigkeit regelmäßig mit einem Löffel wieder über den Braten schöpfen.

Braten aus dem Ofen nehmen und vor dem Servieren 10 - 15 Minuten stehen lassen.

Glasurflüssigkeit für die Soße auffangen.

Info: Hamborgarhryggur ist nach der Stadt Hamburg benannt und bedeutet „das Rückgrat von Hamburg".

Sauce zum Hamborgarhryggur

Einige Teelöffel der aufgefangenen Glasurflüssigkeit
Der im Topf aufgefangene Bratensaft
100 - 150 ml Sahne
Salz
Brühwürfel Typ Schwein (falls gewünscht)
Soßenbinder, dunkel
Soßenfarbe (wenn gewünscht)

Einige Teelöffel der aufgefangenen Glasurflüssigkeit in den Topf mit dem Bratensaft geben und erhitzen.

Sahne hinzu fügen. Bei Bedarf mit Salz und evtl. auch einem Stück Brühwürfel nachwürzen. Mit Soßenbinder andicken. Auf Wunsch dunkle Soßenfarbe einrühren.

Zuckergebräunte Kartoffeln

1 kg kleine Kartoffeln
60 g weißer Zucker
30 g Butter oder Margarine

Kartoffeln kochen und dann schälen. Kleine Kartoffeln wählen, damit sie nicht in Stücke geschnitten werden müssen.

Den Zucker vorsichtig bei niedriger Temperatur in einer Pfanne schmelzen. Die Butter bzw. Margarine hinzu fügen, sobald der Zucker leicht gebräunt ist. Gut rühren. Die Kartoffeln dazu geben und in der Zuckermasse schwenken, bis sie schön braun sind.

Apfelsalat mit Schokolade

5 grüne Äpfel
2 Tassen grüne Trauben (kernlos)
1 Tasse Schokochips oder -raspel (Vollmilch oder Zartbitter)
1/2 l Sahne

Äpfel schälen und in kleine Stücke schneiden. Gewaschene Trauben einmal durchschneiden. Beides in einer Schüssel mit der Hälfte der Schokochips mischen. Sahne schlagen und vorsichtig unterheben. Mit den restlichen Schokochips dekorieren.

Gemischter Salat

Eisbergsalat
Tomaten (z.B. Cherrytomaten)
Gurken
Paprika (rot, orange oder gelb)
Trauben
Erdbeeren oder Heidelbeeren
Ananas (wenn gewünscht)
Sonnenblumenkerne
eingelegter Feta (Kräuter-Variante)
Kräuter-Öl aus dem Feta-Glas

Die Zutaten je nach Wunsch zusammenstellen und klein schneiden.
Mit dem Kräuter-Öl anmachen.

Info: In Island mischt man im Salat durchaus Früchte mit Gemüse.

Festessen II

weitere mögliche Bestandteile
für 6 bis 8 Personen

Hangikjöt

Geräuchertes Lamm in Rollbratenform (entsprechend einem Oberschenkel, alternativ Fleischstücke aus einem Oberschenkel)

Fleisch in einen großen Topf geben. Zusätzliche Gewürze sind durch das Räuchern nicht erforderlich. Kaltes Wasser darüber gießen und bei geschlossenem Deckel langsam zum Kochen bringen. Das sollte ca. 45 Minuten dauern. Wenn das Fleisch kocht, die Hitze etwas reduzieren und weitere 15 Minuten kochen lassen. Dann den Herd ausschalten und den Topf geschlossen stehen lassen, bis das Fleisch fast kalt ist. Dann bis zum Servieren das Fleisch in den Kühlschrank stellen.

Den Hangikjöt in etwa 8 mm dicke Scheiben schneiden und kalt servieren.

Info: Hangikjöt bedeutet, dass das Fleisch hängend geräuchert wurde.

Das Gericht lässt sich gut am Vortag kochen.

Kartöfluuppstúf

Kartoffeln in weißer Soße

1 kg kleine Kartoffeln
1/2 l kalte fettreiche Milch
50 g Butter oder Margarine
weißer Pfeffer
Salz
1 - 3 Teelöffel Zucker (wenn gewünscht)
3 Teelöffel Weizenmehl

Kartoffeln kochen und schälen. Kleine Kartoffeln wählen, so dass sie nicht in Stücke geschnitten werden müssen.

Milch, Butter und Weizenmehl in einem Topf langsam erhitzen, bis die Mischung kocht. Dabei gut rühren. Die Hitze reduzieren und mit Pfeffer, Salz und evtl. Zucker abschmecken. 2 - 3 Minuten kochen lassen und dann die Kartoffeln hinzu fügen. Unter vorsichtigem Umrühren und bei geringer Temperatur erhitzen.

Laufabrauð

Laubbrot

700 g Weizenmehl
3/4 Teelöffel Salz
3/4 Teelöffel Backpulver
1 1/2 Teelöffel Zucker
50 g Butter oder Margarine
1/2 l Milch
Kokosfett (Palmin)

Milch und Butter zusammen zum Kochen bringen. Dann etwas abkühlen lassen. 600 g des Weizenmehls, Salz, Backpulver und Zucker mischen. Die Milch-Butter-Mischung dazu geben und zu einem Teig verarbeiten. Falls er zu weich ist, von dem restlichen Mehl dazu geben. Nicht zu viel kneten. Den Teig in eine Frischhaltefolie wickeln und für etwa eine halbe Stunde in den Kühlschrank stellen.

Danach den Teig in 20 - 25 Stücke teilen und diese sehr dünn auf eine Stärke von 2 - 3 mm ausrollen. Die Brote rund ausschneiden. Einen Teller als Schablone benutzen. Dann mit einem Messer Muster in den

Teig schneiden. Siehe Foto. Anschließend mit einer Gabel jedes Brot rundherum einstechen. So lässt es sich besser frittieren.

Kokosfett in einer Pfanne erhitzen und jedes Brot kurz von jeder Seite frittieren. Nicht dunkel werden lassen.

Das Brot wird kalt gegessen. Auf Wunsch kann es mit etwas Butter bestrichen werden. Im Normalfall wird es aber ohne Aufstrich gereicht.

Infos: Das abgekühlte Brot kann über Wochen an einem trockenen Ort in einer verschlossenen Plastikdose aufbewahrt werden.

Vor Weihnachten treffen sich viele Familien, um gemeinsam das Laubbrot zu backen. Natürlich ist es in dieser Zeit auch überall zu kaufen.

Palmin bitte nicht durch anderes Fett ersetzen. Die Konsistenz des Brotes wäre dann nicht wie gewünscht.

In Island haben manche Leute ein spezielles Eisen, um das Muster in das Laufabrauð zu pressen.

Über uns

Inga Lilja Guðjónsdóttir

Geboren 1970, wuchs ich in Akranes auf, wo meine Eltern einen Fischereibetrieb führten. Mit meinem Mann und meinen vier Kindern lebe ich heute noch in der sympathischen Stadt im Westen Islands und arbeite hauptberuflich in der Altenpflege. Schon immer habe ich leidenschaftlich gerne für meine große Familie köstliches und gesundes isländisches Essen zubereitet.

Annette Biemer

Seit mehreren Jahren betreibe ich, Jahrgang 1966, ein eigenes Textbüro im hessischen Wetzlar, wo ich auch mit meinem Mann lebe. Im Laufe der Zeit sind außerdem mehrere Bücher entstanden, die meisten mit Regionalbezug. Mit dieser Rezeptsammlung wage ich mich einen großen Schritt über meine eigene Region hinaus.

Bereits in Jugendjahren waren wir gute Brieffreundinnen. Der Kontakt riss über die Jahrzehnte nie ab und so wurde aus der Brieffreundschaft irgendwann eine „richtige" persönliche Freundschaft. „Isländisch kochen – schon probiert?" ist unser erstes Gemeinschaftsprojekt.